ARMO CON LETRAS LAS PALABRAS

Alejandro Magallanes

CIDCLI

D.R. © CIDCLI, S.C.
AV. MÉXICO NO. 145-601
COL. DEL CARMEN COYOACÁN
C.P. 04100, MÉXICO, D.F.

WWW.CIDCLI.COM.MX

D.R. © ALEJANDRO MAGALLANES

DIRECCIÓN EDITORIAL: ELISA CASTELLANOS
CUIDADO DE LA EDICIÓN: ANTONIETA CRUZ
DISEÑO GRÁFICO: ALEJANDRO MAGALLANES
IDEA ORIGINAL: CIDCLI

PRIMERA EDICIÓN, NOVIEMBRE 2009
ISBN: 978-607-7749-05-9

ARMO CON LETRAS LAS PALABRAS SE ACABÓ
DE IMPRIMIR EN EL MES DE NOVIEMBRE DE 2009
EN WORLDCOLOR QRO. S.A. DE C.V. FRACC. AGRO
INDUSTRIAL LA CRUZ, VILLA DEL MARQUÉS,
QUERÉTARO, QRO. EL TIRAJE FUE DE 3000 EJEMPLARES

IMPRESO EN MÉXICO / PRINTED IN MEXICO

O A N G T

W B F J

D B R Q L

K C Z S Y C M

X H V A P

Q
D B
E A C D
X W C A
B G M
O S
V

CIELO

AVIÓN

N I D

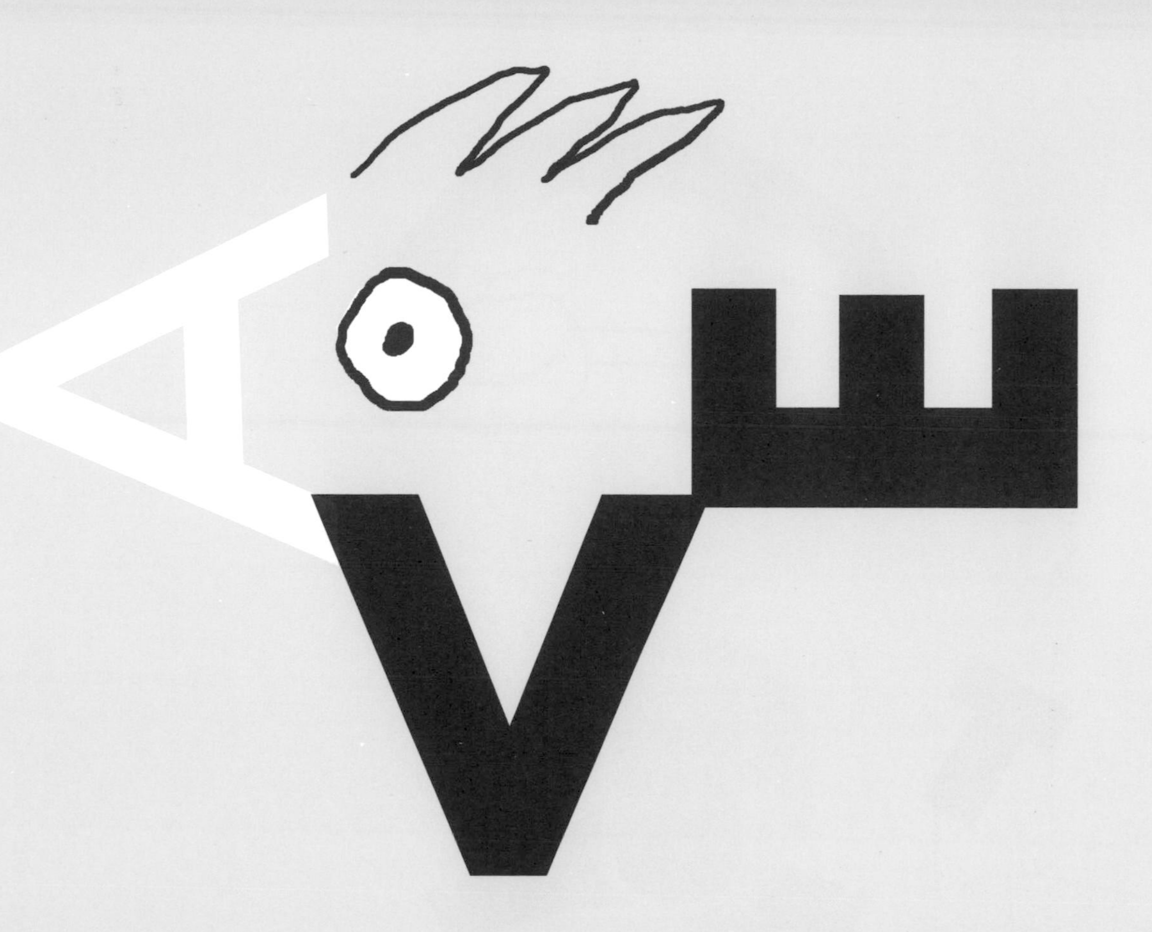

TUERCA

A
M
R

PEZ

S E L V A

G O
R
A

TREN

VAGÓN

LECHE

HUESO

TORRE

ESCALERA

oGRo

CORRO

PALABR
A
S

FIN

ARMAS
CON LETRAS
LAS PALABRAS.

CON PALABRAS
CONSTRUYES
LAS HISTORIAS.

CON HISTORIAS
SE FORMAN
LAS MEMORIAS.

LAS LETRAS
SON DIBUJOS
DE SONIDOS.

CON PALABRAS
REPRESENTAS
LAS IDEAS.

¿Y SI HACES
UN DIBUJO
CON LAS LETRAS?

ESCRIBE
UNA HISTORIA
CON TUS PALABRAS.

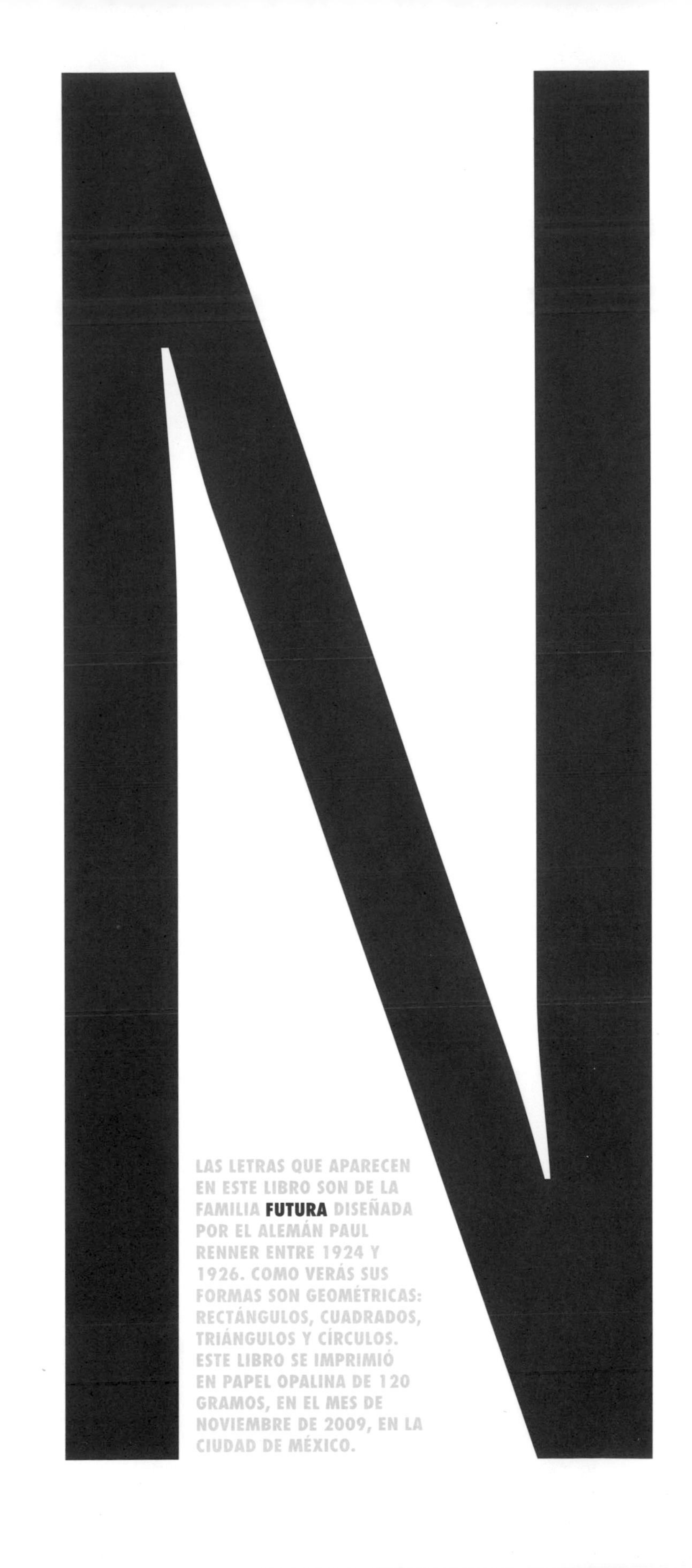

LAS LETRAS QUE APARECEN EN ESTE LIBRO SON DE LA FAMILIA **FUTURA** DISEÑADA POR EL ALEMÁN PAUL RENNER ENTRE 1924 Y 1926. COMO VERÁS SUS FORMAS SON GEOMÉTRICAS: RECTÁNGULOS, CUADRADOS, TRIÁNGULOS Y CÍRCULOS. ESTE LIBRO SE IMPRIMIÓ EN PAPEL OPALINA DE 120 GRAMOS, EN EL MES DE NOVIEMBRE DE 2009, EN LA CIUDAD DE MÉXICO.

OANGT
WBFJ
DBRQL
KCZSYEM
XHVAP